올케의 저녁

유언년 시집

올케의 저녁

Poems by Yoo Eon Nyeon

동학사

■ 시인의 말

두 번째 시집을 엮는다.

2018년 『껍질 속에 무늬가 있다』 이후의 작품이 대부분이다. 근작에 속하는 몇몇 작품은 미처 발표를 하지 못한 것도 들어 있다.

코로나가 물러갈 즈음부터 부지런을 떨었다.

이곳저곳을 돌면서 애써 작품을 구상했다.

풍경을 좇고, 그리움을 좇고, 마음이 가 닿는 곳을 지나며 쓰게 된 것도 있다.

나이 들면서 늦게나마 깨달은 것의 하나는, 시는 짧아야 하고 감흥스러워야 한다는 사실이다. 그러나 절제미를 빚는 능력이 미숙하여 부지런만 피우고 있는 듯 싶다.

'꽃빛'과 '봄날'이 젊음의 장章이라면 '가을'과 '사색'의 장은 오늘의 내 형편이다. 크게 꾸짖어주시기 바란다.

2023년 가을

유언년

올케의 저녁

유언년 시집

01

02

03

04

청개구리는 슬플 때 울지만

별들의 숨소리

부용화

조카를 보내며

이기대

절박했던 순간

윤동주 문학관

파랑새 소리가 북녘으로 날아

가게

기다림에는 생명이 있다

억새는 흔들리고 있다

흙물

달은 창문에 뜬다

물안개

메콩강 가에서

당산나무의 꿈

01 그곳에서도

청개구리는 슬플 때 울지만

광덕사 입구
길 옆 웅덩이에서
경칩을 알리는
오케스트라의 연주가 들린다

지난해 피었던
연꽃 대 사이
실오라기 하나 걸치지 않고
웅덩이가 좁다며 투덜대는 소리는 숨통을 틔운다

아마 개구리들은
시간이 너무 짧아
안타까운 모양이다
이 등에서 저 등으로
바쁘게 뛰어 다닌다
봄이 길었으면 좋겠다

2019년 경칩 4일 전

별들의 숨소리

낮에 뜨는 별들의
숨소리는 우렁찼다

빛의 시작과
빛의 행진을 보았다

반짝이는 눈에서
씩씩한 숨소리가 들렸다

은하수를 지나 DMZ를 넘어갈 때
총소리가 연습이고
시간이 예습이라면
그대들의 연습은
나라의 박동이 되어
위대하리라
우렁차리라
이 땅의 하늘에
청춘의 별이여!

부용화

해마다
장마가 질 때면
길가 얕은 담장에 기대여
애절하게 고개 숙인
큰 꽃송이
알고 보니 부용의 속살인 것을

얼마큼 더 키워야
'녹천당'의 사설을 품을 수 있겠는가
곱디고운 부용의 마음도 거기에
애끓던 사랑도 거기에
소실의 한을 품고

님이 가신 그림자 따라
천안 땅에 혈맥이 되어
수백 년이 지나서야
꽃무늬를 새긴다

조카를 보내며

제야의 종소리와
어깨동무 한 모습이
옛날로 흥겹구나
할아버지 오줌통을 비우려고
곁을 지키던
그 어린 시절의 효손

혈육이 그리워서
밤새도록 노래를 부르다
눈을 감고 가고야마는
그 모습 상상이나 했을까

돌아올 수 없는 그 길을
어찌 서둘러 가야만 했을까

하늘에
꽃별로 다시 피어
사람의 노래가 되어

이 세상의 일들은
모두 다 지우고
어둔 밤에
큰 별로 피어 다오

뒤돌아보지 말고
부디 편안히 가기를
이 세상의 기도로 보낸다

이기대

그 곳에 가면
포말이 울고 있다

묻혀버린 삶의 언저리
높고 낮은 신분
사라지지 않은 긴 그림자

끈을 놓아줄 수 없는 통곡소리에
영혼을 달래줄 교향곡으로
연주를 시작하자
'이기대'에 살아있는 넋은
파티에 갈 채비를 할 것이다

더러는 포말이 전해준
숨 쉬는 그 날을 가슴에 담고 있다

절박했던 순간

님들이 아픔이 있었기에
꽃은 피었습니다.

그 날의 함성이 지금
호흡이 되어
백년의 역사 속에서 숨 쉬며

피워낸 꽃향기는
평화 속에서 통일까지
이룰 수 있을 것입니다.

감사합니다.
고맙습니다.

그 때 김구선생님의 절박했던 순간!
윤봉길 청년이 아니었다면…

가슴 절절하게 나비가 되어 날아가
취했습니다.

윤동주 문학관
– 가슴에도 별이 뜬다

세상에 떨어진
별들을 주워
한 줌씩 나누어도 좋다

별들이 떨어진
들판에는
사슴이 풀을 뜯었다

별 하나에 가슴을 묻고
또 하나의 별을 헤일 수
있다는 건

아픔일까
슬픔일까
기쁨일까

붉은 피
하나가
별이 되어

우물이 되어

두레박을 내린다

파랑새 소리가 북녘으로 날아가게

푸른 창공의
물감을 찍어보자
티격태격 땅뺏기 놀이를 하던
자빠진 언어를 일으켜 세워보자

골목길에 흩어진 발자국을 불러 모아
멍에의 땀방울이 그릇을 채워
아픈 흙덩이에 부어야 할 일이다

아침이여!
통일이여!
곪은 발등에 떨어지는 빗방울을 아는가

한 맺힌 돌멩이를 들어내며
아픔을 깨무는 입술은 어떤가

달콤한 꽃바람을 물리면
철이 들까 하다가도
다급한 세상의 끝자락에서

구름 꽃을 피워야만 한다

이제 총구를 바다에 던지고
휴전선은 북으로 달리는 차선이 되어
꽃구름의 살결이 찢기지 않게
철조망은 꽃밭에 울타리가 되어야 한다

바람 가는 길에는
철새가 드나들게
창과 방패의 경계를 허물어서
낮은 울안과 높은 담장이 다투지 않게
서로 무궁화 꽃씨를 나누도록 함이라

꿈은 물레를 돌리게 하고
이슬 묻은 햇살이 옷감을 짜야할 일이니

아침이 오는 이 나라에
사람이 먼저 살아가야 함이다

한반도의 꿈이여!
파랑새 소리가 북녘으로 날아가게
작은 나무 그늘을 꼿꼿하게 키워가며
풍랑의 아우성에도 화평함이 물들게
풀들의 몸짓 위에 단비가 내리면

한반도의 여인이여!
도시의 신사여!
색깔 다른 옷을 벗고
생각이 다른 마음을 갈아입고
아래서 위로 하나가 되는
한 곳을 향하여
신명나게 놀아보자

함흥냉면이 좋고
광덕산 호두과자면 어떤가
얼싸안고 살다보면 정드는 것이지

한강에서 두만강까지

한라에서 백두까지
등불에서 별빛까지
어서어서 내딛는 불끈 쥔 발걸음으로
파랑새 목청이 우렁차게 터지게 하라

우리가 어깨동무 함이라

기다림에는 생명이 있다

시간을 베고 누워
소지를 태운다

재가 되어 흩어지는 불꽃
헤집고 들어갈 문을 찾는다

문풍지를 흔드는 바람 속에
태아의 눈빛이 녹아 있다
거룩하지 않은 생명이 있으랴!

무채색의 둥지를 틀고
산란의 시간을 기다린다

잊혀져가는 기억들
죽지 말아야 한다

묘비에 새겨진 비명碑銘
잊혀져가려는 슬픔이다

억새는 흔들리고 있다

들녘 가득히 피어 있는 억새
가을 하늘을 덮어낼 욕심인 줄 알았습니다.

무심한 바람에 운명을 맡기고
태연한 척 여유를 부리는 대로大路의
길을 가는 줄 알았습니다.

새가 울어도 눈물을 보이지 않듯
억새는 소리를 내지 않아도 울고 있었습니다.

서걱거리는 바람의 노예가 되어
붙박이 삶에 길들여진 아픔
영글게 살아온 자부심은 한낱 바람이었습니다.

배불뚝이 되어 잉태의 윤회를 더듬거리며
앙다문 어금니 사이
바람은 새고 있었습니다.

흙물

땅속을 들여다보면
살아 숨 쉬는 그날들이 걸어 다닌다

고향을 떠나 그 어디쯤에서
다시 돌아올 수밖에 없었던 것은

유년의 길가 어디에선가
기다리고 있는 음표들 때문이다

아기와 아빠는 술래잡기를 한다
까르르 까르르 아가의 웃음소리 술래가 되어
골방 깊숙이 숨어버린다

방파제 위를 나는 갈매기들의 통곡은
주인 없는 돌무덤을 쪼아댄다

부리에 발린 립스틱
핏빛 무덤이 선명하다

달은 창문에 뜬다

달에게 묻는다

개울물 따라
풀섶을 따라 오는 이유는 있다

무엇을 터득하여
하늘에서 미끄러지며
길에게 빛의 주사를 놓는가

모습으로
모양으로
다리를 놓아야 할
산다는 까닭이 되어
달은 정류장 이름표를 창문에 쓴다

물안개

어디서부터 걸어왔는지
발자욱 소리 하나 내지 않고
넓은 강을 얼싸안고
보듬는걸 보니
아마 긴 한숨소릴 듣는 듯하다

소양강은 장맛비 쏟아 부은 여심에게
실크보다 더 고운
구절초 한 다발도 촘촘한 걸음으로
위로를 하는가 했더니
함께 가자며 차에 오른다

가을은 그녀의 것이다

메콩강 가에서

메콩강의 초어들은
아직도 자라지 못하고 있다

기다림은 강물에
물감을 천천히 풀어 놓고
초어들의 눈망울은
초롱초롱하다

DNA를 기다리며

통곡의 소리가 바람으로 들려
찢어지듯 가슴이 아픔은
끝이 날까
얼싸안은 초어들의 기쁨인가 보다

당산나무의 꿈

오랫동안
동구 밖을 지키고 있었습니다.
때론 바람과 새들까지도 조율하며
가지가 부러지는 아픔도 있었습니다.
천둥과 번개가 번쩍이면
무서움을 뒤로하고 막아내야 했습니다.

통나무가 무척이나 부러웠습니다.

기계톱의 아픔에 날아간 육신이
도시의 카페에서
멈추지 않는 삶의 수레바퀴를
끄는 모습

동강난 모습으로 어둠이 아닌
꿈을 설계하는 모습이 아름다웠습니다.

02

마음 밭 일구며

가을 지청구

시월의
마지막 밤이
저만치 있는 줄 알았는데
어느 사이 여기에 있다

두고 온 해바라기 하나가
타다 남은
백련사 한 칸에
몸을 누일 게다

상강을 보내고도
도도하게
계곡을 물들이며
서 있는 나무들은
철없이 익어버린 세월로
세상의 지청구에 잎을 떨군다

꽃 한 송이 남겨놓고
고승은 어디로 갔을까

둥지

그날
순록의 양쪽 뿔엔
빨강리본을 달고 들어서는
님들의 미소를 마음에 담았습니다.

알듯 모를 듯 반기며 주고받는 서투른 인사
"아녕 하세요?"

"잘 오셨습니다"
어제 저녁부터 쏟아 부은
눈 세상이 포근합니다

지난 10년
서로의 갈등도 있었지만
라즈돌리에 역에서
서로 부둥켜안고 추위를 이기던
선친들의 강인한 국민성이 있었기에

외로움도 행복으로 가꿔놓은

님들의 둥지에
꽃을 피웠습니다.

10주년이 되는 오늘
사과나무를 심고
또 기다리겠습니다.

가슴으로 낳은 딸

– '누엔티 푸헝' 결혼에 부치는 시

가슴으로
젖꼭지 물리고
눈동자 맞춰가며
어부바로 키우진 않았습니다.

품 밖에서
품 안으로
월남 꽃 한 송이 가슴에 심었습니다.

나비의 발자욱

겨울나비 한 마리가
한 숨을 움켜쥐고
품 안에서 운다

반짝이는 눈을 따며
옷 한 벌을 짓다가
무지개 타고 은하수까지
무슨 꿈을 꾸었나

얼마나 힘들었으면…
세상에다 꽃씨를
틔우지 못하고
부러진 꽃그늘이 되었나

큰 발자욱 하나가
가슴에 멍이 되었다
미안하다

다만 꽃비로 보내며
꽃잎을 줍는다

順咡의 봄

부풀은 입술에
봄은 온다

추녀 끝에 손을 넣는
햇살이 옷을 내리면
순이의 풋냄새가 녹아내려
꽃말로 꼬드기던
꽃샘추위 봄바람이
길을 연다

붉은 수줍음으로
숫처녀의 꽃씨가
여물어갈 때
파랑새는 열쇠를 찾는다

순이의 입술에
봄이 온다
그래서

시간의 열매

시간의 열매를
맨손으로 따서
바구니를 채운다

무뎌진 손톱에 봉선화를 물들이고

닳아버린 지문을 찍으며
상을 받을 줄 알아야 한다

눈물이 일어서서
웃음으로 채워주는 날들이
새벽으로 들어온다

친정엄마

장마는
사성암으로 소를 보냈다

시집간 딸의
옷가지들이
지붕 위에서 손을 흔들었다

세상 찌꺼기들이
골짜기를 내려와 강으로 갔다

여기저기서 몰려드는 낯설음을
풀어볼 겨를조차 없이
떠밀려갔다

딸아이의 출산 걱정을 뒤로하고
화재장터에 들렀다

사람은 없고
흔적이 흔적을 끌어안고

울고 있었다
딸아이한테서
문자가 왔다

아뿔싸!
쌍둥이 이름을 지어야겠다

가을의 구름이 되어

지리산의 운무를 보았다

어렸을 적
소풍가던 퐁퐁 샘은
원앙의 놀이터가 되었다

개등산 자락은
학의 치마폭에 쌓여
숨바꼭질 하는데

술래가 된 운주산도
언뜻언뜻 손짓을 한다

초가을 속삭임이
새벽을 데리고 온다

그때의 초가집

초가삼간 썩은새에 살던
텃새는
마을을 떠나고

해묵은 지붕에
구름이 쌓여서
지시랑 물소리 주름도 깊다

벽지의 크레용은
화가가 되었고
얼룩진 연필자국은
동네 이장이 되었는데

군불을 지피어
부서지던 냇내는 어디로 갔나

봄이 오면
세월 먹은
그날의 텃밭에
상추씨 한 번 뿌리고 싶다

봄의 숨소리

신성한 그곳
태아는 주먹을 불끈 쥐고
고고한 소리를 낸다

미움은 스스로 옥죄는
가시관이다

버리면 얻어지는 것이거늘
순백의 영혼 불러들이자

서랍 속 꽃씨들
가슴에 심자
초록빛 꿈을 피운 씨앗들

기지개를 펴고
담쟁이를 오른다

새순아 돋아라
청아한 숨소리 새끈거린다

작은 나무

아들의 나무에는
늘 바람이 불었다
하늘 향한 몸짓이 애닮던 가을
서툰 단풍으로 나이를 먹더니
이제 연둣빛 가슴으로 내려
속삭인다

초록빛이고 싶다는 아들은
후박나무 그늘 아래서
키를 재보고
회양나무 까까머리 어루만지며
커져 있었다
키보다 마음이 훨씬

삶의 옹이를 태우며

– 박경리 선생 시세 10주기에 부쳐

당신은
시간의 풀밭을 맨발로 일으켜
재가 되어 흩어지는 불꽃을 피웠습니다.
철없는 말들을 숫돌에 갈며
뜨락에 햇살을 활짝 피웠습니다.
문풍지를 흔드는 바람 속에
언어의 집을 지으셨습니다.
동구 밖 철길로
술래잡기 한 것을
당신의 토지에는
사람의 길이 나고
해묵은 둥지에는
하늘이 살았습니다.
변두리에 떨어지는
아침을 보라 하시어
잊혀져가는 기억들이
다시 산란을 합니다.
당신의 언어는
창문을 열며

멍이든 빗방울로 목마른 땅을 일구셨고
세상의 씨앗이 되었습니다.
삶의 옹이를 아궁이에 지펴가며
발 시린 풀들의 아랫목을 데우셨습니다.
이제는 나무 등걸에 바람이 넘어지지 않게
구름에 주먹질 하지 않고
오순도순 텃밭을 일구며
당신의 토지에
고추도 심고
마늘도 심어서
세상의 밥상을 차리겠습니다.

고운 동행

동사무소 주차장에 마중 나온
세 식구는 평화 그 자체다
낯가림을 하지 않고 내 품에 안기는
나연이가 어쩌나 귀여운지
산후조리를 하면서 5kg이 늘었다고
응석어린 목소리로 기대던 윤미는
통통한 게 더 예뻐지고 애기엄마 티가 난다,
입가에서 미소가 떠나지 않고
편안해 보이는 사위가 사랑스럽다
그리고 고맙다!
둘은 하나원에서 교육 중 전도사로
우리 윤미를 전도하며 잘 가르쳐가며
마음을 나누고 사랑을 싹 틔웠단다
다행이다
춘천에 계신 신윤라 시인도 함께 만나서
숯불 닭갈비로 점심을 맛있게 먹고
근사한 찻집에서 차도 마시고
아쉬움을 남기고 헤어졌다
눈물을 보이지 않으려고

애쓰는 마음을
알아차린 건 아닌지 모르겠다

나연이가 태어난 지
5개월이 넘어서야 우린 만났다
핑계는 나연이를 보러갔지만
사실은 윤미가 더 보고 싶었다

낯설고 힘든 남한 땅에서 견뎌내며
미래를 설계하던 윤미!
큰 엄마가 된 나는 바라만 보았을 뿐
도움을 주진 못한 거 같아 그저
생각 할 때마다 미안하다

새벽

어둠의 터널을 지나온 시간
닭의 울음을 들을 수 있을는지

에둘러 돌아온 침묵
빛은 서두르지 않는다

기다림의 의미에 빈터는 없다

굴렁쇠의 구르는 소리 속에
뚫리는 아침

창에 매달린 커튼이 소리 없이 오른다

나를 부르는 기침소리
해소가 되는 순간이다

새벽은 누구한테나 그렇게 온다

올케의 저녁

겁쟁이고 수줍어서
밤에만 피는 꽃이 있다
아침이 되면
시집살이가 두려워서
눈을 감아버린다

그곳에 가면
초저녁 보리쌀 씻는 소리가 들린다

코티분 향기가 나면
오늘도 분꽃은 피고
작은 올케는 보리쌀을 씻고 계신다

콩콩콩 절구팽이 소리에 맞춰
나는 깨금발을 뛰며 놀고 있다

꽃띠 23세는

갓 피어난 꽃 결이
이곳에서 저곳으로
노래가 되어
활짝 핀 숨결도 닿아
아픔을 녹여주며
하얀 나이테는 여물어
줄기에서 가지로 하늘을 따면
살 속 깊은 샘물은
사람의 힘살이 된다

꽃띠 23세 향기여!
동트는 창이 되어
이슬을 줍는 꽃띠 아가씨
마을마다 골목의 햇볕을 쓸며
처마 밑 지시랑 물을 등으로 적시며
목마른 가슴마다 꽃물을 들여서
장독대에서 동구 밖까지
빨주노초파남보
오늘도 23세는 꽃띠의 땀이 핀다

오늘
첫눈 내리던 날
분홍 립스틱의 봄
뻐꾸기 우는 아침
8월의 기도
꽃 이야기에서
꽃들은
하얀 목련은
낮달맞이의 삶
어머니와 장미
일월의 그믐밤에는
낮잠
바람개비의 전설
아버지의 거울
봄
아버지의 기침소리

03

잠에서 깨어 문득

오늘

새벽을 알리는 음표들이
낮은 나뭇가지에서 들려온다
낯설지 않은 울림이 미소 지으며
따라쟁이가 된다
늘 오는 오늘이지만 더 마음이 가는 건
의미 있는 새로운 날이기 때문일 게다
마중을 나가서 어깨동무로 맞이하자

첫눈 내리던 날

하얀 눈이 아름다워
마당에 웃음꽃을 뿌리더니
어느 날엔가는
타국의 외로움이
아픔으로 곪아터져
간담을 서늘하게 한 적도 있었습니다.

그러던 그 열꽃은
세월이 이만큼 지나와
낯선 흙 밭에
심지를 내리어 어엿하게 컸습니다.

이제 아담한 둥지를 짓고
꽃밭을 만들려고 합니다.

이 땅에서 배우고 알아서
고마워 받은 씨앗들을
뿌리고 싶을 겁니다.

이제
작은 꽃들이 살을 부비며
어려서 큰 목청으로
노래하는 꽃밭을 가꾸어야 합니다.

그래 그래 높은 하늘을 부르고
산새들도 오라하여
화창한 울안이 되어야겠습니다.

이쪽에서
아버지와 어머니는
날마다 품속으로 바라볼 것입니다.

분홍 립스틱의 봄

햇살의 입술로
봄은 오는데
어제는 봄비 속에서
울고 있었다
랑콤도 샤넬도 아모레퍼시픽도
우쭐대며 살결을 누볐지만
마스크가 꼬드기는
안전한 설렘이 꺼림직스럽다
달콤한 봄볕을 기다리는
오늘도 그리움인데
갇혀버린 현실이 슬프다
코로나19가
그만 떠나는 날에
입술의 봄은 다시 올 것이다

뻐꾸기 우는 아침

창가엔
햇살의 웃음소리
한창이다

밤꽃 향을 따는
유월의 벌들도 바쁘다

어디로 갔을까
밤새 뒤척이다 잠든 걸
모르진 않았을 텐데

뻐꾸기 울음소리
길게 줄을 풀며 날아간다

8월의 기도

코로나19 바이러스가
물러나게 해주시고
자연의 아름다움을 느끼며
행복한 여름으로 이끌어 주시고
불편한 다리를 편케 하셔서
곧은 길을 갈 수 있게 해주시고
맑은 눈으로 꽃을 보는
예쁜 세상으로 이끌어 주시길
간절히 기도합니다

꽃 이야기에서

흑성산 자락의
눈 녹는 소리가
꽃들의 낮잠을 깨운다

해는 저만치 걸어가고
풀 냄새 찻잔에 가득하면
들꽃들의 웃음판이
바람과 어깨동무 하는데

여기저기
꽃들이 물을 먹고
움을 트는 젖꼭지가 봉긋하다

어느덧 봄소식은
차표도 없이
아우내 갯가에 벌써 와 있다

꽃들은

질척한 오후
살아서 숨 쉬는 끈질긴 인연들
목화꽃도 분꽃도 범부채도
벌레 먹은 시간들을 헤치고

먹고 살아가야 할
허망한 군상들의 정류장에서
바람도 먹고 삼복도 이겨내며
오직 살아내야 한다는 절대 속에서
고개를 들었습니다.

하얀 목련은

목련은 하얗게 웃고 있는 게 아니고
울고 있었다

4월의 잔인함을 노래하듯
그렇게

아직은 썰렁한 봄비 속에서
애써 기대보지만
어머니의 가슴이 그립기만 하다

지금 막 피어나는 꽃의
얼굴이여
당신과 나 사이에 흐르는
눈빛의 찰나여

낮 달맞이의 삶

작열하는 태양의 유혹
해맑게 웃고 있는 모습
허허로움을 이기지 못하여
옥문을 연다

안으로 안으로 새겨 넣은
입 다문 사연

초저녁
백 등잔 불빛이 사위어 가면
응축된 붉은 설움이
통증의 터널을 지난다

손님맞이 유녀遊女의 삶이다

어머니와 장미

어머니가 물려주신 빨간 장미 한 그루
사립문 안쪽에 심어 놓았습니다.
결 고운 가시에 아버지의 마음을 접으로 붙였습니다.

사립문 뜰 안채에서 자란 장미
아버지 사랑채까지 뻗어 나갔습니다.

몰아치는 바람에 꽃잎 날릴까봐
아버지는 부드러운 마음으로 울타리를 칩니다.

고추잠자리 날아온 하늘 체온이 식어갈 무렵
하늘을 받친 손도 시립니다.

어둠을 밝게 하는 송이송이
등불이 되어 비추다가
꽃잎 한 장 살며시 떨어져
눈물 훔치며 사립문 밖으로 걸어 나갑니다.

어머니가 꽃잎을 부르며 맨발로
사립문 밖을 내 딛습니다.

일월의 그믐밤에는

아기고라니와 엄마는
산모퉁이 돌며
숨바꼭질 한다
눈 쌓인 산 속에
보일 듯 말 듯
꼬리도 숨더니만
겨울 양식이 떨어졌나
장독대 옆에서
어느새 기웃 거린다

그믐밤에도
소리 없이 찾아 왔었지
어쩌면 벗은 몸으로
노크를 하다가
레디꼬 레디꼬
노래를 하며 바깥에 있었을까
지난밤에는
담장 그림자를 지우다가
발자국 한 다발 써 놓고 갔다

낮잠

그림자도 덥다며
당산나무 곁에서
숨죽이고 있을 때

하룻밤 걸러내지 못한 사연
부둥켜안고
졸고 있는 달맞이 꽃

호랑나비 한 마리
몸짓으로 깨워보지만
안으로 안으로 새겨 넣은
세월만큼 깊은 잠속으로 들어간다

바람개비의 전설

바람아 멈추지 마라
시간도 돌고 세상도 도는데
네가 멈추면
나도 숨이 멎는다

박제된 미라
응고된 바람

구름 빠진 허파는
꿈이 나들이 간 공간이다

바람아 불어다오
돌고 싶다

정든 바람도
철부지 바람도
바람개비와 돈다

아버지의 거울

해맑은 미소가
내 가슴을 흔들어 놓고

소슬바람이
고운 꽃잎을 떨어트릴까봐

밤새 뒤척이다가 거울을 보면
아버지의 미소가 촉촉하다

젖은 볏짚으로 군불을 지펴놓고
말없이 걸어 나가실 때
나는 그곳에 없었다

채워지지 않는 세월의 앙금
단전으로부터 끌어내 조율하면서
지게는 쉴 틈이 없었다

아버지의 거울 속엔
내가 있었다

봄

언제부턴가 연두가
보이기 시작한다

지금쯤 창문을 열어 놓았다면
사부자거리며
들어서겠지

그날은 말이 필요하지 않아

어둡고 긴 터널을 지나
새들이 노래하는 아침에
햇살로 남아
품속으로 파고든다

구찌 터널이 키워낸
나무들은
언제 무슨 일이 있었느냐고 묻는다

때론 경쾌한 리듬에 맞춰

춤을 추기도 한다

지나는 이의 발걸음을
멈추게 하며
창에 찔리는 아픔을
맛도 보이고

그때 찢겨진 살덩이와
핏물은
곧게 자란 나무들의
먹잇감이었나 보다

아버지의 기침소리

어렸을 적
아침에 잠에서 깼을 때
눈이 마당 가득하면
뛰어나가
발자욱으로 돌려가며 꽃을 만들고
길게 휘어진 꽃대까지
만들어놓으면
기침소리 가득
울 아버지 사랑방에서
들어오다 보시고
고뿔든다고 걱정하시던 모습
오늘 보고 있네요.

04
시인의 추억

선물

크리스마스 이브

창문 밖에서
똑 똑 똑 똑
바람은 다녀가고

늦은 밤 손전화가
드르륵 드르륵

베란다에 꽃이 예쁘게 피었어
오래 키웠는데 이름을 잃어 버렸어

설화는 핸드폰 화면에서
활짝 웃고 있다

보탑사 가는 길

만뢰산 업어 키운
작은 호수 저편에
바람둥이 원앙이 놀고 있다
굽이길 돌고 돌아
가는 길가에
야생화 봄부터 가을까지
가슴 열고 맞이하면
켜켜이 묵은 하지 못한 사연들
속살을 드러내듯
풀고 품으며 합장을 한다
오백 년 기도하는 정자나무에 소원을 빌고
안으로 들어서면
벌거벗은 스님의 하얀 미소
맑은 눈동자에 마음을 맡겨
계단을 내려서면
까만 눈동자에 쏙 빠져 든다

작은 꽃으로 오는 봄

작지만 야물딱지다
봄볕을 움켜쥐고
봉우리를 터뜨린다

양지 바른 기슭에는
나물들이 약이 올라
앞 다투며 우쭐댄다

시샘하던 입을 열고
웃음꽃이 핀다

두터운 옷을 벗자
가면도 벗어 버리자

봄의 하모니

봄볕 흐드러지던 날에
매화는 피고
봄소식을 물고 온
까치소리 시끄럽다
함초롬히 서 있던 수선화도
손을 흔들어
바위단풍을 부른다
소풍 나온 봄바람이
제비꽃에 반지를 끼워
터질 듯한 벚꽃의 가슴이 설레면
개나리, 진달래, 할미꽃
덩달아 봄나들이 분주하다
어느새 키가 큰 목련은
활짝 웃는 앵두꽃 손을 잡고
대문 밖을 지난다

그 봄날의 추억

퐁퐁 샘 물소리에
봄은 오는 구나

잠자던
가재들도 꿈틀대며
수런대기 시작하고

안무중골 골짜기엔
보글보글 매운탕
끓는 소리에
소풍을 간다

노을을 가둔 저녁
저수지 속 그림자가 크다

템플스테이

가을밤 빗소리에 잠이 깬다
어둠은 어둠이 아니었다
이태원에서 진 꽃들은 모두
손에 별을 들고 초롱초롱하다
꽃이 되어 영원하길 기도하고
또 달래주었다
가을빛이 아름다운 단풍들도
고개 숙이고 추백으로 돌아와
보는 이들의 눈시울을
적셔놓았다
피어나라 꽃으로 지지 않는
꽃으로

마데카솔의 연가

저수지 속에 묻힌 가을
물 밖을 향해 자맥질을 하고

북에서 남으로 흐르는 물살 위로
애잔하게 들려오는 소리

살아야 한다
죽으면 안 된다

보양호수에 머물다
봉래호수에서 쉰다
남으로 가는 길을 묻는다

강산저수지의 유혹에
달온거리며 남으로 흐른다

땅따먹기 싸움에 3일을 통곡했다는
김일성의 눈망울이 뛰어 오르고
고니와 두루미는 주둥이로 서로 핥는다

새살이 돋을 때까지
그렇게 핥다 보면
하얗게 탈색한 까치가
검은색 소식지에
붉은 소식을 물고 오겠지

우체통에는
찾아가지 못한 초어들의 사연이 헛돌고
집배원의 가방에 들어가지 못하게 자란 초어는
고래보다 더 커져 있다

월정리 역에 머무는 철마는 가쁜 한숨을 들이 마신다

백마고지
노동당사
총알에 녹아버린 아이스크림 산의 기억에
마데카솔을 바르자

철원을 다녀왔다

상처 난 산들을 바라보며
깊은 속울음을 울었다
치유될 수 없는 전쟁의 기억
마데카솔이 생각났다
겨레의 상흔에 마데카솔을 바르면
새 강이 돋아날까?

기다림에 이유는 없다

바다가 일렁거린다
포말泡沫 속에
끼워 넣은 하얀 색깔
썰물에 밀려 작아지고

얼룩진 상처는
흔적을 남기지 않는다

밀물이 쌓여 오는
그리움은 숨을 죽이고

구름에 가려진 하늘의
떫은 사연은 사설辭說로
풀 수는 없다

기다림에는 이유가 없다

다시 피어나는 것은

산모퉁이 사라지는
어둠 사이
가을의 설움이 머리 풀고
언뜻언뜻 지나간다

풀어헤친 억새의 앞가슴은
바다가 되어
윤슬을 볼 수 있고

걸음마다 고여 있는
젊은 날의 향기는
다시 피어나
사랑방 손님으로 온다

작은 들국화 향기가 가득하다

당신의 입술은

달빛 고운 날
창문을 열면

봄 향기 물씬 취한
가랑비다

소낙비에
살 부러진 우산이다

구름 서는 들녘의
바람난 허수아비다

시월의 끝자락에 내리는
찬 서리다

당신의 입술은
독한 술이다

슬픈 연어

걷어지다 남은 밤안개 속으로
걸갱이*들은 숲을 이룬다

배불뚝이 연어는
숨 가쁘게 물살을 가르며
고향을 본다

매화는 어머니가 되어 있고
벚꽃은 동무가 되어
가다리고 있다

언어의 산실은 어디인가

칼 찬 물오리도 비켜주며
금줄을 걸어준다

숲은 문을 꼭 걸어 잠그고
연어를 보내주지 않는다

---

* 연어 잡는 도구

여기 윤슬이 있었네

그곳에서 햇살을 붙들고
부서지는 윤슬을 보자

바람이 스쳐갈 즈음엔
젖은 속눈썹을 세워
달려오는 세월을
가슴으로 안고

산 그림자 끌어안은
제주도의 날밤은
하하 호호 밤 가는 줄 모르고
반짝이는 눈망울이 윤슬이더라

정공채 선생님 생가를 다녀와서

그간 찾아뵙지 못해
죄송한 마음 커지고 있습니다.
해마다
노란 산수유로
부르신 걸 듣지 못하고
나무만 키웠습니다.

노랑 매화도 보내시고
민들레, 애기똥풀도 보내신 걸
이제 알았습니다.

뒷짐 지으시고 마당을 서성이다
반갑게 맞이하시는 선생님!
마을 잔치에 함께 계신 줄 알았습니다.
언어의 생수로 우리를 키우시고
생명수로 퍼 올리게 하신 선생님!

이제는 제가
언어의 정원을 가득 채워
기쁘게 해드리겠습니다.

나비가 되어

전망대 건너 저편
북녘 땅
나비가 되어 날아가면
금방이라도 갈 텐데

저–어–기가
왜 그렇게 먼 건지
누가 대답을 해 주었으면
넋 놓고 바라보다 그만
울어버렸습니다.

나 여기 왔어요
이곳을 한번만 쳐다봐줘요
아버지! 어머니!

보고 싶어 보고 싶어
밤이면 베개가 젖도록 울다 지쳐
막걸리 한 잔에 기대어
잠이 든 적도 있었습니다.

꼭 꼭 접어 두었던
날개를 펴서
힘껏 날아오세요
날아오다 힘이 들면
듬직한 나무 등걸에 기대었다가
자유와 평화의 품, 이곳으로 오세요
기다리겠습니다.

가을 하나

쑥부쟁이 웃고 있는
아침이 참 좋다

유난히 참새가 좋아하는 아침은
창문으로 파란 하늘이
들어오고
바람은 춤을 추게 한다

보랏빛 하늘!

인생 서사의
서정적 생태 복원

윤성희(문학평론가)

해설

인생 서사의 서정적 생태 복원

유언년 시집 『올케의 저녁』에 부쳐

윤성희(문학평론가)

인생의 단계에 '서정적 시기'라는 게 있다면 그것은 언제일까. 몇몇 어록을 모아놓고 생각해보니 인생의 서정적 시기는 아무래도 나이가 꽉 차지 않은 젊음의 때가 아닐까 싶다. 시인 테오필 고티에는 이렇게 썼다. "나는 어렸을 적에, 99파운드〔대략 45kg〕 이상 몸무게가 나가는 사람이 서정 시인이라는 사실을 받아들일 수 없었다." 밀란 쿤데라도 작중인물을 통해 이렇게 말한다. "오래전부터 나는 젊은 시절은 서정적 시기라고 생각해 왔다.(『커튼』)" 한 수필가 역시 이런 문장을 남긴다. "나의 문학적 정서의 역정을 회고한다면 20대는 시정에 공명하는 정서에 코를 부비며 가슴을 열었다.(장정식)"

이치로 보건대, 나이가 들어갈수록 정서는 메마르고 삶은 서사화되어 간다. 나이를 먹어간다는 것은 산전수전의 전장으로 내몰리는 것과 다르지 않다. 거기에 성공과 실패, 기쁨과 우울, 열망과 좌절의 시간이 축적된다. 그 생애가 서사를 구성한다. 살아온 세월을 책으로 쓰면 열권도 넘을 것이라는 흔히 하는 말. 이때의 책은 아마도 파란만장의 서사일 것이다. 우리는 파란만장의 열차를 타고 대단원의 역을 향해 질주한다. 열차의 소리는 날카롭고 그 노선은 황폐화되기 일쑤다. 순수한 영혼의 서식지는 파괴되고 싱그럽던 감성의 숲은 훼손되어 버렸다. 서정의 생태적 복원은 더 이상 꿈꿀 수 없는 일이 되고 말았다.

본시 시인은 꿈꾸는 자이다. 인생 서사의 촘촘한 그물망 사이를 어떻게든 빠져나오려고 바람구멍을 찾는 사람이다. 삶의 실용적 요구에 맞게 조정된 서사적 궤도로부터 서정의 뒷길로 말(馬)머리를 돌리고 싶어하는 사람이다. 내가 보기에 유언년 시인이 그런 사람이다. 유언년 시인은 늦은 나이에 첫 시집을 내고 몇 년을 걸러 이번에 두 번째 시집을 낸다. 이 두 번째 시집 속에도 여전히 이슬을 머금은 아침의 꽃밭이 펼쳐져 있고 퇴화된 감성을 뚫고 나오는 봄의 새순이 있다. 황토 바람이 일던 메마른 땅에 빗물이 잦아들듯 시의 문장에 서정의 공기가 녹아들고 있다.

땅속을 들여다보면
살아 숨 쉬는 그날들이 걸어 다닌다

고향을 떠나 그 어디쯤에서
다시 돌아올 수밖에 없었던 것은

유년의 길가 어디에선가
기다리고 있는 음표들 때문이다

아기와 아빠는 술래잡기를 한다
까르르 까르르 아가의 웃음소리 술래가 되어
골방 깊숙이 숨어버린다

방파제 위를 나는 갈매기들의 통곡은
주인 없는 돌무덤을 쪼아댄다

부리에 발린 립스틱
핏빛 무덤이 선명하다

-「흙물」 전문

이 시에서 세계는 서사적 현실('돌무덤')과 서정적 과거('땅속')로 이분된다. "방파제 위를 나는 갈매기들"이 통곡하면서 "주인 없는 돌무덤을 쪼아"대는 것은 생존의 잔인한 현실에 맞서는 대결적 행위다. 그러나 맞섬의 결과는 너무나 분명하다. 갯바위는 '돌무덤'에 불과한 것이다. 돌무덤을 쪼개고 무덤에서 생명의 부활을 이끌어내기에는 갈매기는 무력한 존재다. 갈매기의 부리는 립스틱을 바른 것처럼 핏빛만 선명할 뿐이다. 바위와 같이 딱딱하게 메마른 서사적 현실에서 생명은 잉태하지 않는다. 그래서 '흙물'로 상징되는 서정의 지평을 복원할 필요가 생긴다.

돌무덤의 세계("고향을 떠나 그 어디쯤")에서 고향으로 다시 돌아올 수밖에 없는 날이 온다. 고향의 땅속에서는 "살아 숨 쉬는 그날들이 걸어 다"니고 있다. 고향의 유년에는 "까르르 까르르 아가의 웃음소리"가 경쾌한 음표처럼 새겨져 있다. 시인은 고통과 상처의 서사적 길 위에서 방향을 바꿈으로써 비로소 고향을, 과거를 생명의 숨으로서 추체험한다.

가령 이 시집의 표제작이기도 한 「올케의 저녁」에서 어린 시절의 고향은 현재의 신산한 시집살이를 견뎌내는 숨통이다. "아침이 되면/시집살이가 두려워서/눈을 감아버린다"는 문장에서 '눈을 감아버린다'는 행위는 당연히 시집살이 현실에 대한 두려움의 표출이다. 눈을 뜨는 게 무서울 정도로 고통의 나날을 보내고 있지만 또 한편으로 '눈을 감'음으로써 떠올리는 유년기의 영상은 질곡의 시간을 버티는 힘이 된다. "콩콩콩 절구괭이 소리에 맞춰/나는 깨금발을 뛰며 놀고 있다"는 유년의 떠올림이 경쾌한 생명감을 부여하고 있다. 고향의 유년은 생명이 꽃 피는 또 다른 에너지원이다. 이렇듯 유언년의 시에서는 이 존재기반을 이루는 생명 감수성이 '아침'으로, '봄'으로, '고향'으로 자주 변주된다.

언제부턴가 연두가
보이기 시작한다

지금쯤 창문을 열어 놓았다면
사부작거리며
들어서겠지

그날은 말이 필요하지 않아

어둡고 긴 터널을 지나
새들이 노래하는 아침에
햇살로 남아
품속으로 파고든다

구찌 터널이 키워낸
나무들은
언제 무슨 일이 있었느냐고 묻는다

때론 경쾌한 리듬에 맞춰

춤을 추기도 한다

지나는 이의 발걸음을
멈추게 하며
창에 찔리는 아픔을
맛도 보이고

그때 찢겨진 살덩이와
핏물은
곧게 자란 나무들의
먹잇감이었나 보다

—「봄」 전문

이 시가 품고 있는 이야기를 펼치다보면, 역시 서사적 현실과 서정적 생명의 시간이 서로 마주치고 있음을 볼 수 있다. 그러나 이번에는 이 마주침이 적대적으로 튕기거나 어긋나지 않고 서로를 승인하고 결합하는 관계로 나아간다. 무릇 생명 현상이 그렇다. 생명은 저 혼자 탄생할 리 없다. 자궁의 "어둡고 긴 터널을 지나"고서야 "새들이 노래하는 아침"의 시간을 맞이할 수 있는 것이다. "창에 찔리는 아픔을" 겪어내고 "찢겨진 살덩이와/핏물"의 극한을 거치고 나서야 생명의 '연두'가 몸을 드러내는 것이다. 출혈과 상처의 시간을 견디고 나서야 "곧게 자란 나무들" 같은 생명 활동의 지평이 열리기 시작하는 것이다. 이것이 아침의 시간이고 봄의 시기이다.

인생의 서정적 시기는 하루로 치면 아침과 같은 시간이고, 계절로 치면 봄과 같은 시기이다. 아침을 맞아 맑은 운율을 가진 새들의 목소리가 전율을 일으키고 봄을 맞아 삭정이 같던 가슴이 부풀어 생명을 밀어 올린다. 그러나 아침은 캄캄한 밤의 뒤 끝에 열리고 봄은 혹한의 얼음바다를 밀고 찾아온다. 씨앗은 춘화春化의 시련을 견뎌야 새싹의 손을 맞잡을 수 있게 된다. 이것이 생명의 진리다. 시인은 바로 이 생명의 지점을 정확히 포착하고 있기에 '피'와 '죽음'의 부정적인 현실조차도 이곳이 생명이 발아하는 텃밭이라는 역설로 경험하고 있는 것이다.

> 시간을 베고 누워
> 소지를 태운다
>
> 재가 되어 흩어지는 불꽃
> 헤집고 들어갈 문을 찾는다
>
> 문풍지를 흔드는 바람 속에
> 태아의 눈빛이 녹아 있다
> 거룩하지 않은 생명이 있으랴!

무채색의 둥지를 틀고

산란의 시간을 기다린다

–「기다림에는 생명이 있다」 부분

그러고 보면 죽음은 서러워할 일도 아니다. 시인은 "재가 되어 흩어지는 불꽃"을 생의 소멸로 보는 것이 아니라 생명을 잉태하기 위한 기다림의 과정으로 인식한다. 죽음은 어떤 의미에서는 마침표가 아니라 다음 생에 이어지는 쉼표, 소생을 기다리는 잠시의 쉬어감일 수 있는 것이다. 그렇지 않고서야 소지燒紙를 올리고 난 후의 잿가루를 어찌 "무채색의 둥지"로 일컬을 수 있겠는가. 그렇지 않고서야 그 죽음의 잔여물 앞에서 어찌 "산란의 시간을 기다"릴 수 있겠는가. 그런 점에서 나는 유언년 시인을 긍정의 시인이라고 믿는다. 그의 시에서는 가시 돋친 비난은커녕 날 선 비판의 목소리조차 찾기 어렵다. 그의 시집 안에서 부정적 세계관을 찾기는 더욱 힘들다.

남과 북이 서로의 가슴에 총구를 들이밀던 민족적 비극을 노래한, 그런 점에서 가장 시의성을 띤 작품인 「파랑새 소리가 북녘으로 날아가게」 류의 작품에서조차 시인은 이념적 편향을 취하는 일이 없다. 오히려 "꽃구름의 살결이 찢기지 않게/철조망은 꽃밭에 울타리가 되어야 한다"는 진술을 통해 분단 폭력의 상징물인 '철조망'을 서정적인 꽃밭의 '울타리'로 의미 기능을 대체하고자 한다. 이는 마치 앞서의

「흙물」에서 '돌무덤'이 '흙물'로 존재 전환됨으로써 서정적 지평이 복원되는 양상과도 비슷한 맥락이라 할 수 있다. '철조망'은 강제되고 고착된 비생명적 격리를 나타낸다. 거기에 대해 꽃밭의 '울타리'는 분리의 경계가 아니라 꽃으로 표상되는 생명의 심미적 안전지대를 등가화한다. 이런 상상의 도약을 통해 시인은 훼손된 삶의 터를 치유하고 심미화할 수 있게 되는 것이다. 「마데카솔의 연가」의 한 대목을 보자.

백마고지
노동당사
총알에 녹아버린 아이스크림 산의 기억에
마데카솔을 바르자

철원을 다녀왔다
상처 난 산들을 바라보며
깊은 속울음을 울었다
치유될 수 없는 전쟁의 기억
마데카솔이 생각났다
겨레의 상흔에 마데카솔을 바르면
새 강이 돋아날까?

－「마데카솔의 연가」 부분

치유의 심리학이 반복해서 기술하는 기본원리 중 하나

는, 치유되지 않은 상처는 계속해서 상처를 재생산한다는 점이다. 상처가 치유되지 않은 사람은 그 상처를 저주하여 다른 사람이나 자신을 공격한다. 다른 사람에게 상처를 입히지 않으면 대신 자기처벌, 자기비하, 때로는 자학으로 자신을 해친다. 이는 개인의 단위를 넘어 사회와 민족, 국가 간의 관계로 얼마든지 확대될 수 있는 문제다. 이러한 불행의 연쇄적인 확장을 막기 위해서는 상처의 치유가 필요하다. "겨레의 상흔에 마데카솔을 바르면/새 강이 돋아날까"라는 진술도 넓게 보면 그 심층에 생명 회복에 대한 염원이 깃들어 있음을 알 수 있다. 그리고 이는 철조망을 꽃밭 울타리로 삼고 싶어하는 행위에 대응된다. 치유란 결국 생명의 회복에 다름 아닌 것이다.

비생명적 현실, 훼손된 세계를 치유하고 회복하기 위해 시인은 생명 감각적 세계 혹은 생태학적 세계를 끊임없이 사유한다. 그리고 그 모든 사유의 저변을 떠받치고 있는 것은 긍정의 세계관이다. 다음의 시는 유언년 시인의 긍정적 세계관을 보여주는 요약본이라 할 수 있는 작품이다.

쑥부쟁이 웃고 있는
아침이 참 좋다

유난히 참새가 좋아하는 아침은
창문으로 파란 하늘이

들어오고

바람은 춤을 추게 한다

보랏빛 하늘!

-「가을 하나」 전문

맑고 깨끗한 풍경사진 하나. 가을 하늘이 파랗고 바람이 싱그럽다. 참새가 지저귀고 쑥부쟁이 꽃이 웃는 듯 살랑거린다. 시인은 이 모든 정경을 바라보는 심경을 '참 좋다!'는 구절로 명료하게 압축한다. 단순한 풍경의 묘사지만 정신의 원숙에 이르지 않으면 얻기 힘든 경지다. 서정의 생태학적 복원이 비로소 성취된 느낌이다. 시인은 이로써 그가 추구하는 세계의 완성을 한 눈에 보여준다.

독자의 입장에서 생각해 본다. 각각의 시집마다 개성과 유형이 있지만 유언년의 이번 시집은 독자의 긴장을 요구하지 않는 작품들로 채워져 있다는 것을 개성으로 삼는다. 달빛에 온몸을 맡기고 함께 물들어 가듯 이 시집에 함께 젖어들면 그만이겠다. 가끔 사금파리에 푸른 달빛이 부딪쳐 쨍강 소리를 낼 때 문득 시야가 환해지듯 가끔씩 그 푸른 달빛 같은 문장을 만나는 것은 가외의 소득이다. "달은 정류장 이름표를 창문에 쓴다"(「달은 창문에 뜬다」), "뻐꾸기 울음소리/길게 줄을 풀며 날아간다"(「뻐꾸기 우는 아침」) 같은 기막힌 표현들은 미학적 성취를 이룬 또 하나의 풍경사진이다. 이 풍경사진을 찍으며 시인은 인생의 서정적 시기를 잘 가꾸고 있는 중이다. 긍정의 원숙한 세계관을 서정적 시심으로 푸르게 물들여 가고 있는 유언년 시인을 응원한다.

올케의 저녁

지은이 · 유언년
펴낸이 · 유재영, 유정융
펴낸곳 · 주식회사 동학사

1판 1쇄 · 2023년 9월 18일
출판등록 · 1987년 11월 27일 제10-149

주소 · 04083 서울 마포구 토정로53 (합정동)
전화 · 324-6130, 324-6131 | 팩스 · 324-6135
E-메일 | dhsbook@hanmail.net
홈페이지 | www.donghaksa.co.kr
www.green-home.co.kr

ISBN 978-89-7190-863-1 03810

이 책은 2023년도 천안문화재단 창작지원금
일부 지원을 받아 제작되었습니다.